Mix Collection Xx

Für meinen Ehemann

Alle in diesem Buch enthaltenen Rechte sind der Autorin vorbehalten.

Autorin: Tanja M. Feiler

Bilder: Tanja M. Feiler

Cover: Tanja M. Feiler

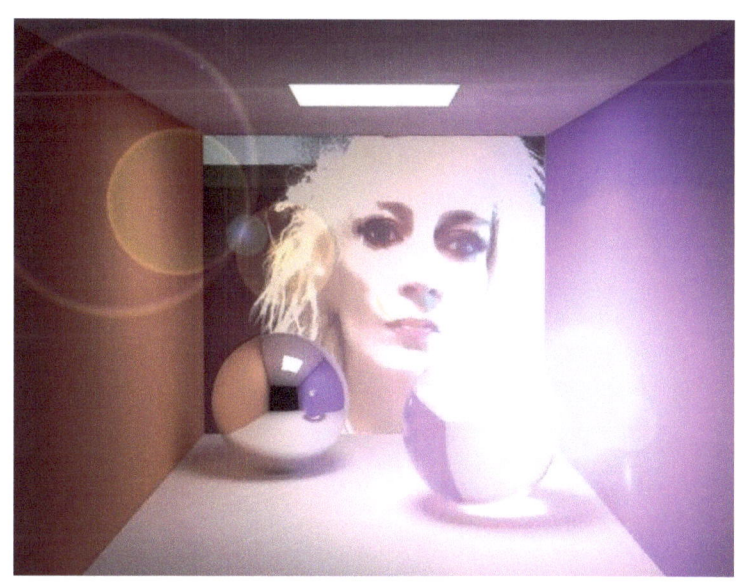

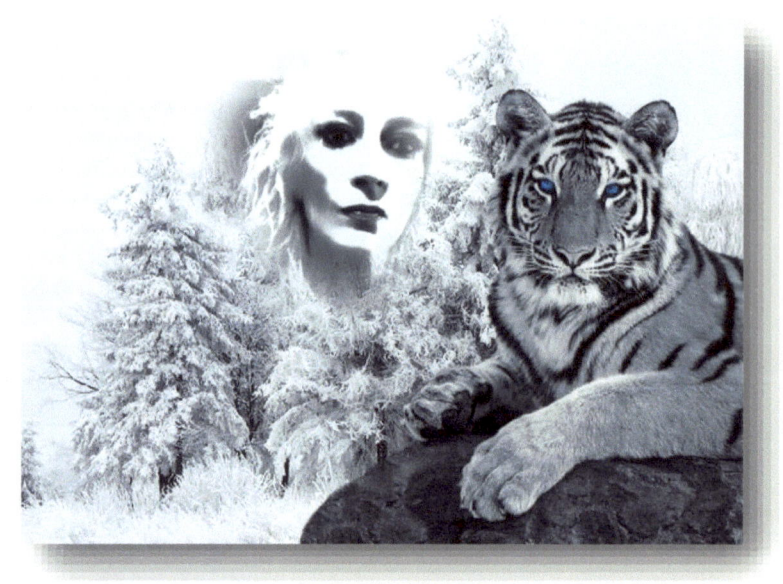

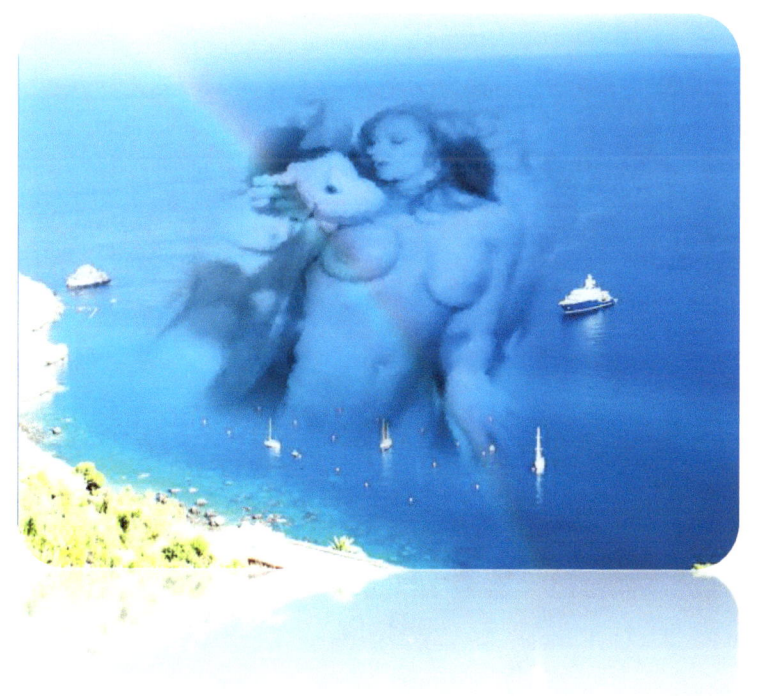

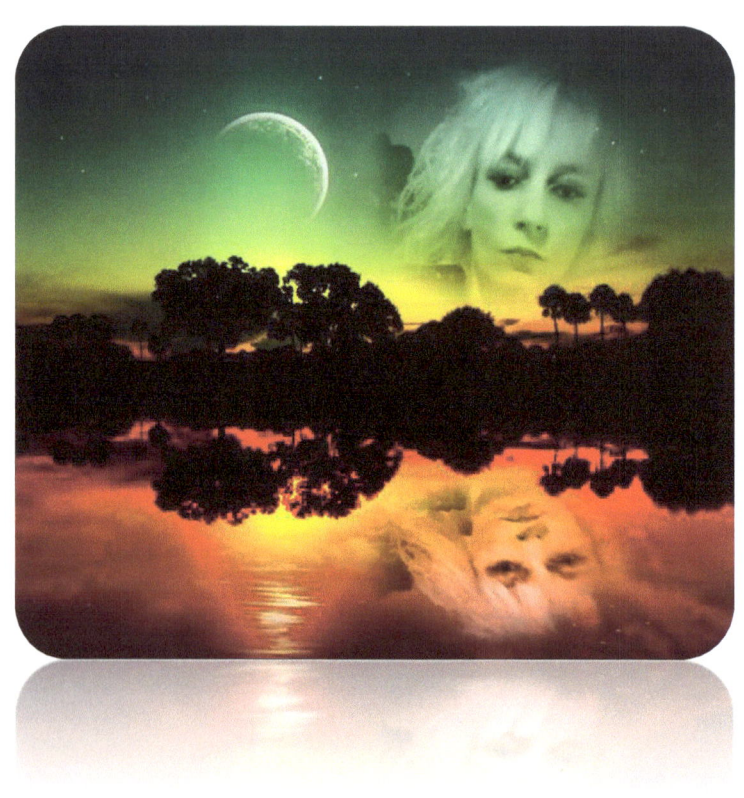

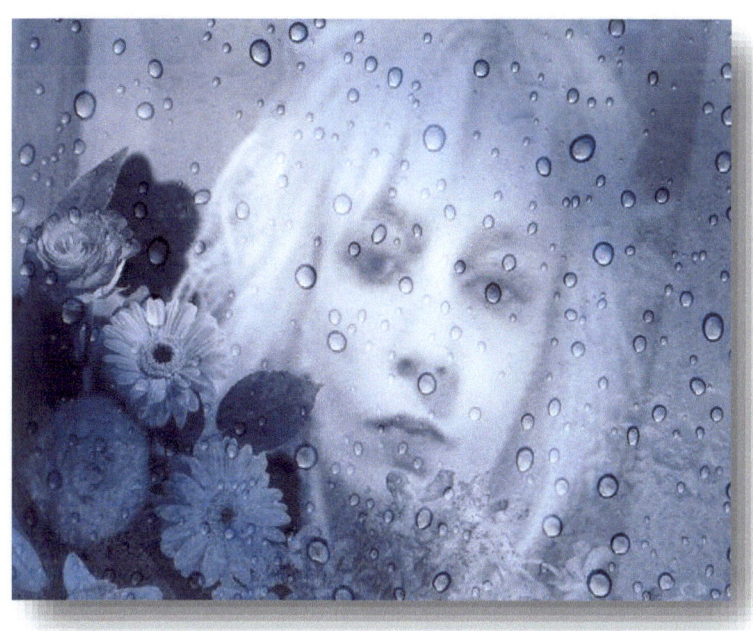

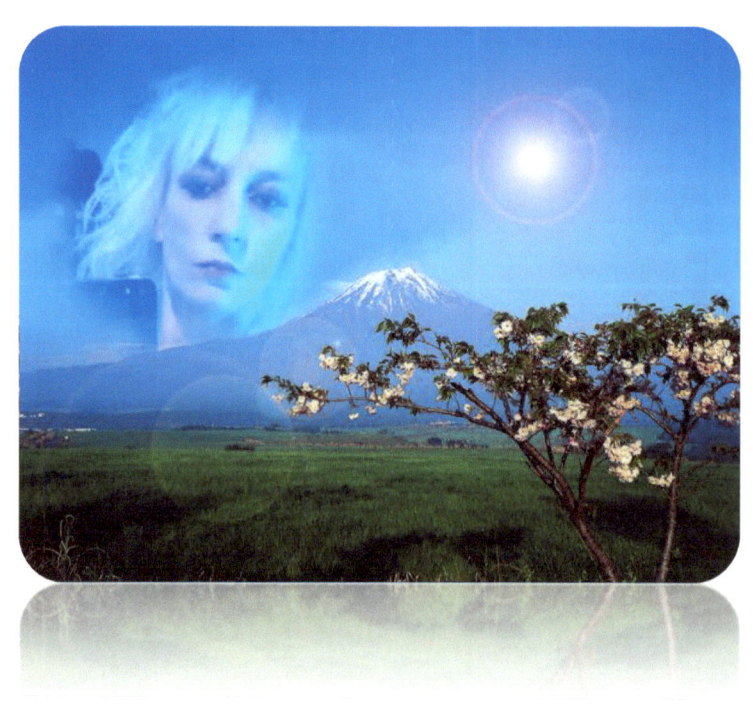

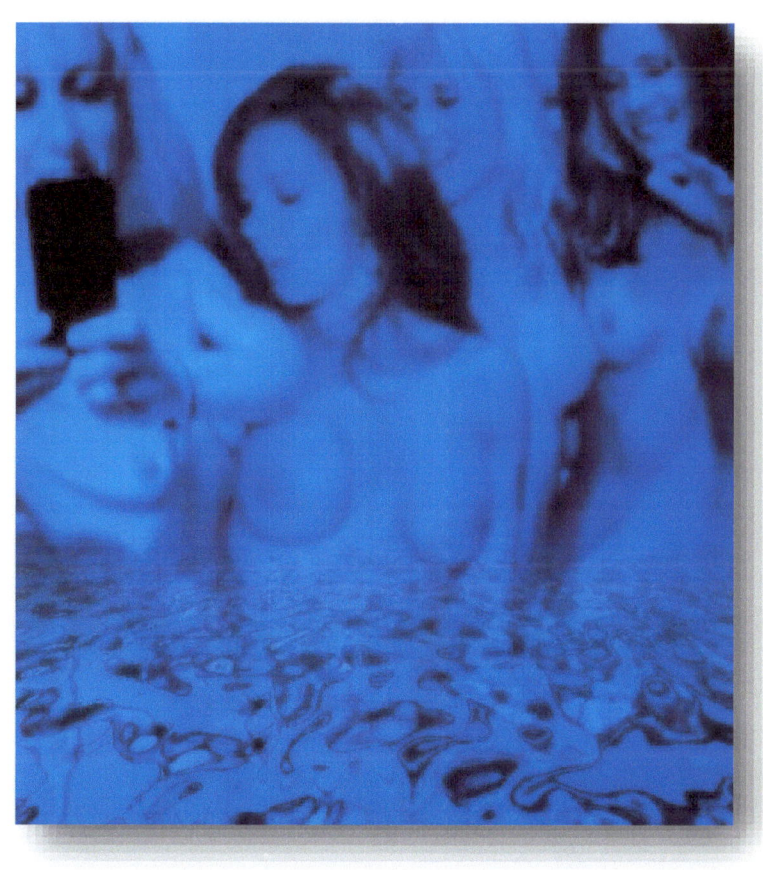

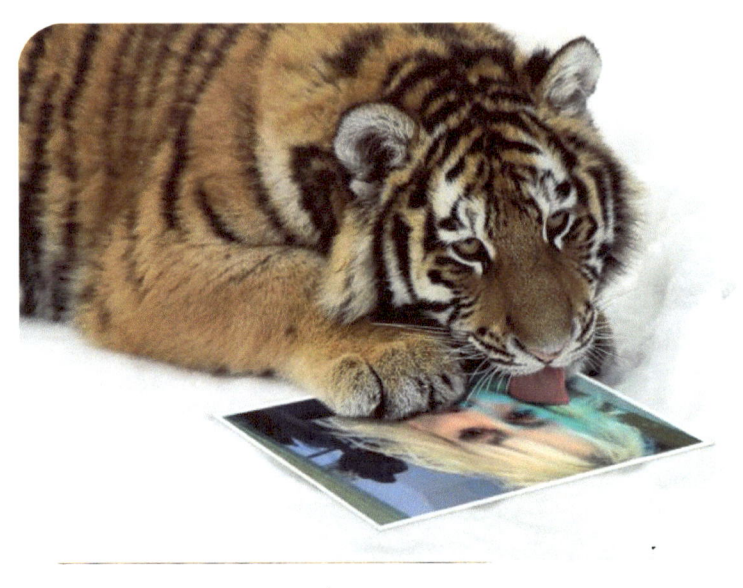

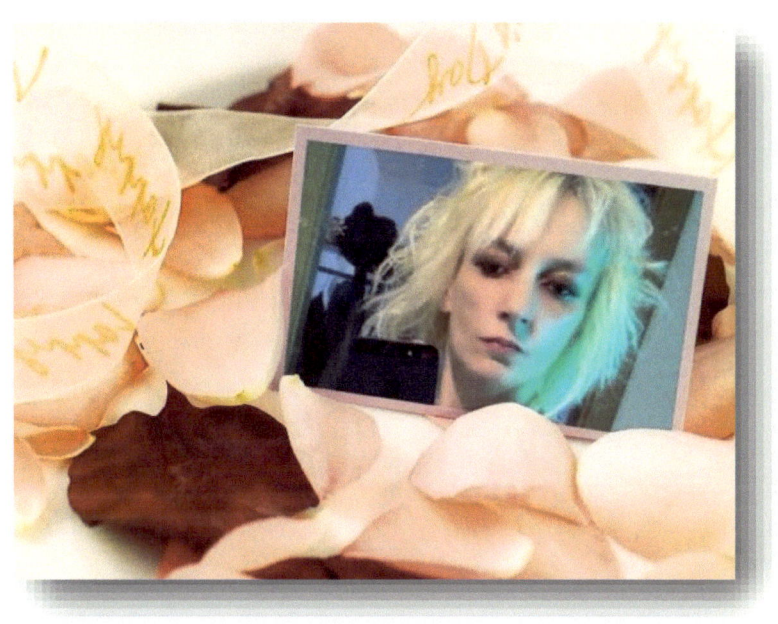

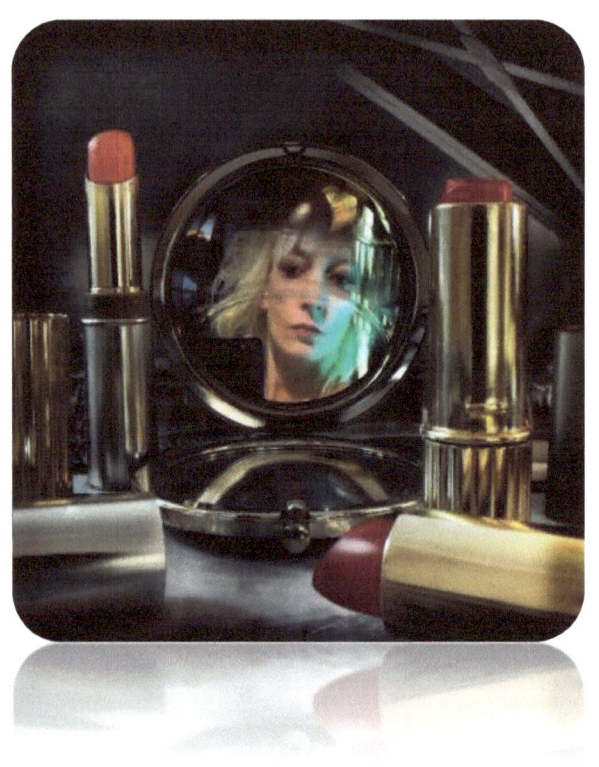

Freundinnen unterwegs in der City

Da sind sie die Cuties

Dynamik – ob der psychische Bereich

Sind sie reich

An eigenen Forschungen – Ergebnisse

Da möchten sie es nicht missen

Und geben ihr Wissen

Weiter

Lyrik schmiegt

Sich an die Worte

An diesem Orte

Schmelzen zusammen

Um den Leser einzufangen

Bunt und dynamisch

Mit viel Licht!

Da ist es das Gedicht

Das spricht

Der Text verdient den Reim

Geht der Kunst auf den Leim

Farben bunt und klar

In reicher Schar!

Bildband um Bildband

Wandert die Kunst im Land

Die Schrift ist sehr erpicht

Sich schnell zu illustrieren

Dabei sich nicht genieren

Farbe muss her

Die Zeilen wiegen schwer

Und Prompt Stante Pede

Ist davon die Rede

Flash Fiction auf andere Art

Aber in heißer Fahrt

Die 4 Cuties - Freundinnen sind zusammen

Um Kreativität zu sammeln

Wieder ist die Nacht vorbei

Macht den Weg frei

Für das Licht

Doch noch kommt es nicht

Draußen ist es bitterkalt

Bis es das Licht schafft bald

Die Dunkelheit zu befreien

Die Lyrik schafft sich ihre Fiction

Flash hervor und nicht nur ein bisschen

Sondern gewaltig in ihrem

Gewicht

Und dann ist es soweit

Es ist an der Zeit

Es ist halb 5 in der Frühe

Und ohne Mühe

Fließt die Kunst mit lyrischem Reiz

Und nötigem Fleiß

Da zeigt sich das Bild in seiner Pracht

Und dabei den Rahmen schafft

Für das Wort in eigenem Stil

Und dabei viel

Design

Für den Reim

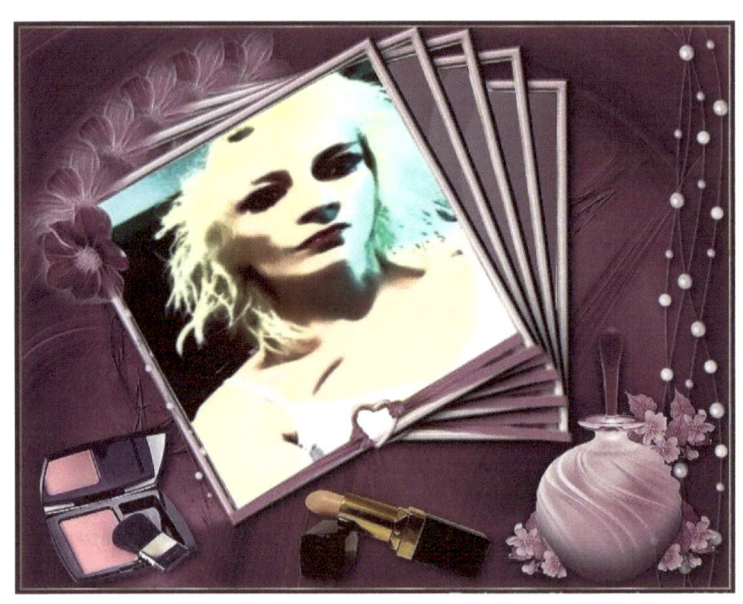

Besonders Danke ich meinem Mann